Impressum
Verlag: BABADADA GmbH, Nedderfeld 112 , 22529 Hamburg
Geschäftsführer / Verlagsleitung: Harald Hof
Druck: Books on Demand GmbH, In de Tarpen 42, 22848 Norderstedt

Imprint
Publisher: BABADADA GmbH, Nedderfeld 112 , 22529 Hamburg, Germany
Managing Director / Publishing direction: Harald Hof
Print: Books on Demand GmbH, In de Tarpen 42, 22848 Norderstedt

AF219279

sukuu
l'école

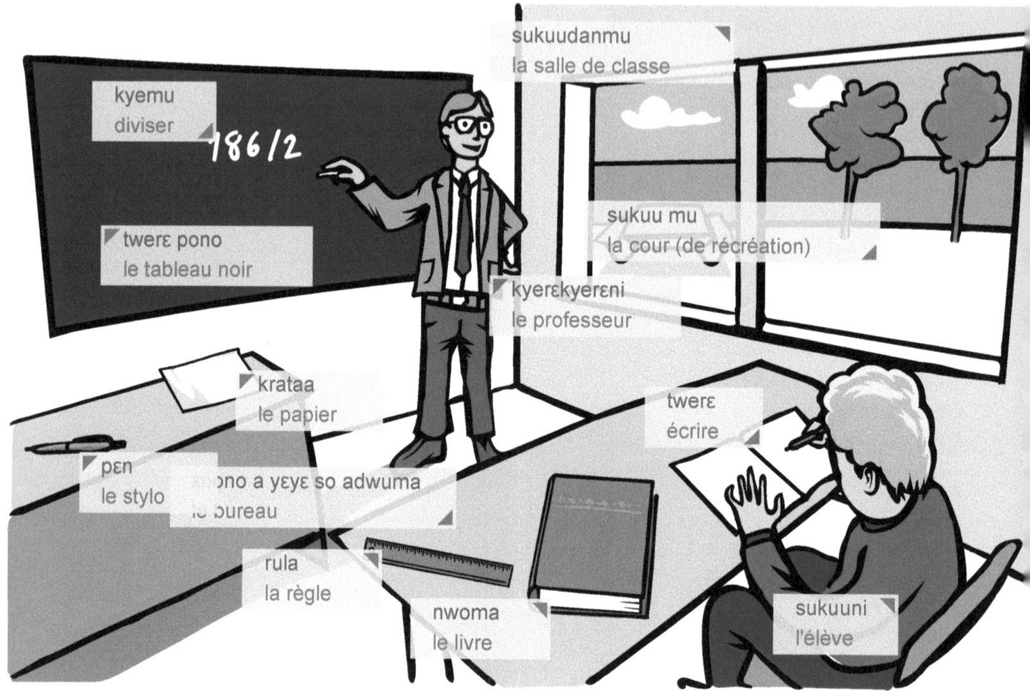

sukuudanmu
la salle de classe
kyemu
diviser
186/2
twerɛ pono
le tableau noir
sukuu mu
la cour (de récréation)
kyerɛkyerɛni
le professeur
krataa
le papier
twerɛ
écrire
pɛn
le stylo
ɔno a yɛyɛ so adwuma
bureau
rula
la règle
nwoma
le livre
sukuuni
l'élève

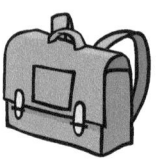

baage
le cartable

twerɛdua konko
la trousse

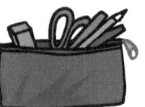

twerɛdua
le crayon

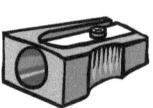

deɛ yɛde sensen twerɛdua ano
le taille-crayon

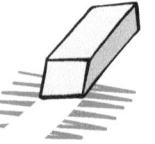

rɔba
la gomme

krataa a yɛdwi adeguso
le carnet à dessin

adedwie

le dessin

penti brɔhye

le pinceau

penti adaka

la boîte de peinture

apasɔɔ

les ciseaux

aman

la colle

nwoma a yɛyɛ mu adwuma

le cahier d'exercices

efie adwuma

les devoirs

nɔma

le chiffre

2+2

kabom

additionner

5-2

te frI mu

soustraire

mmɔho

multiplier

sese

calculer

lɛtɛ

la lettre

ntwerɛeɛ

l'alphabet

asɛmfua

le mot

ntwerɛdeɛ

le texte

kenkan

lire

kyɔk

la craie

adesua

la leçon

twerɛ wo din

le livre de classe

nsɔhwɛ

l'examen

abodinkrataa

le certificat

sukuu ataadeɛ

l'uniforme scolaire

adesua

la formation

nyansa nwoma

le lexique

suapɔn

l'université

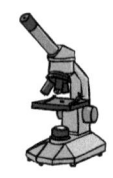

maakroskop

le microscope

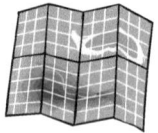

map

la carte

kɛntɛn a yɛde krataa nwura gu mu

la corbeille à papier

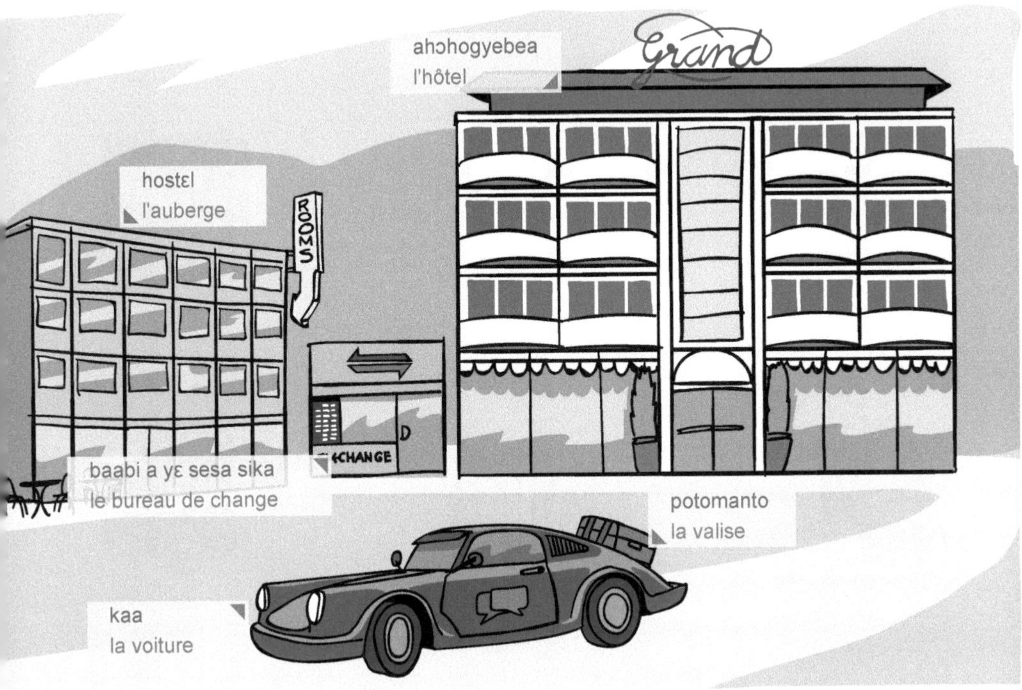
ahɔhogyebea
l'hôtel
Grand
hostɛl
l'auberge
ROOMS
baabi a yɛ sesa sika
le bureau de change
CHANGE
potomanto
la valise
kaa
la voiture

kasa
la langue

aane / dabi
oui / non

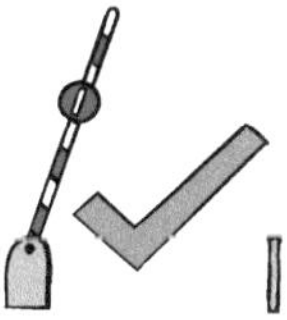

Yoo
d'accord

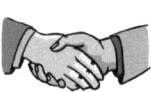

hɛlo
Salut

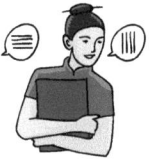

kasa asekyerɛfoɔ
l'interprète

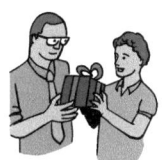

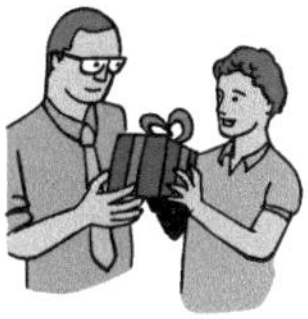

Medaase
merci

...bɔɔ yɛ sɛn?

Combien coûte...?

Me nte aseɛ

Je ne comprends pas

ɔhaw

le problème

Maadwo!

Bonsoir !

Maakye!

Bonjour !

Dayie!

Bonne nuit !

baibai o

Au revoir

akwankyerɛ

la direction

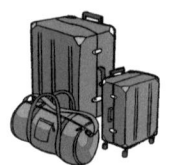

wo nneɛma

les bagages

bɔtɔ

le sac

akyirebɔtɔ

le sac-à-dos

ɔhɔhoɔ

l'hôte

danmu

la pièce

bɔtɔ a yɛda mu

le sac de couchage

ntomadan

la tente

nsɛm dema wɔn a wɔkɔ
nsrahwɛ

l'office de tourisme

mpoano

la plage

kaade a yɛde yi sika

la carte de crédit

anɔpa aduane

le petit-déjeuner

awua aduane

le déjeuner

anwumerɛ aduane

le dîner

tiket

le billet

pegya

l'ascenseur

stamp

le timbre

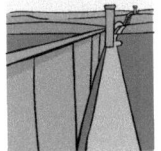

ɛhyeɛ so

la frontière

kutɔmtoɔ

la douane

embasi

l'ambassade

visa

le visa

passpot

le passeport

akɔneabadie

le transport

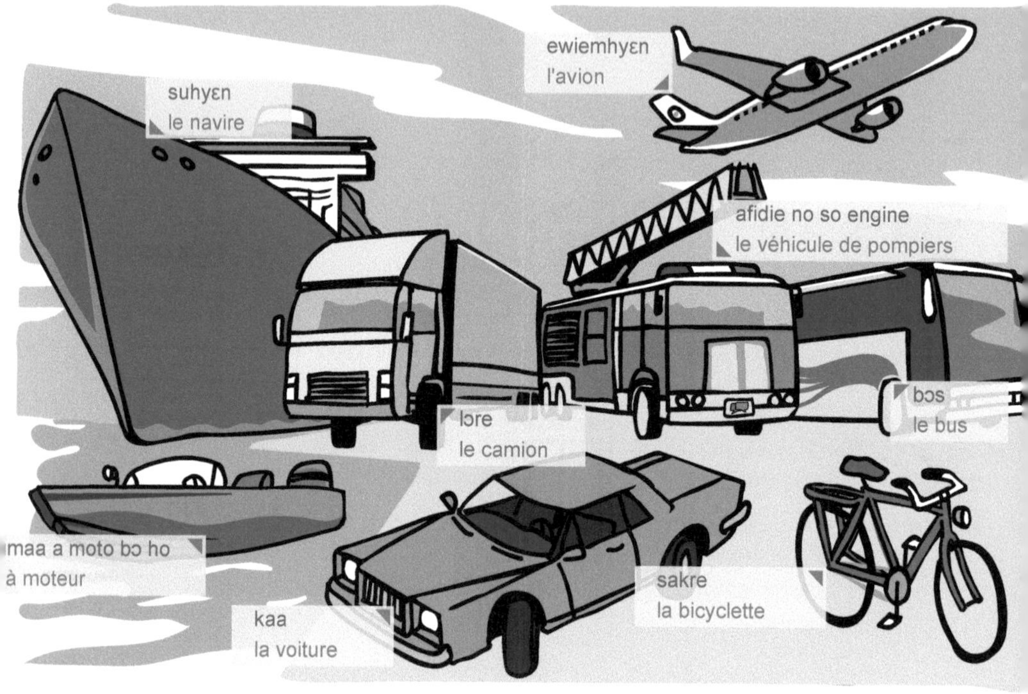

ewiemhyɛn
l'avion
suhyɛn
le navire
afidie no so engine
le véhicule de pompiers
bɔs
le bus
lɔre
le camion
maa a moto bɔ ho
à moteur
sakre
la bicyclette
kaa
la voiture

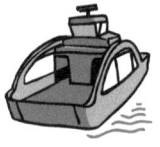

hyɛma

le ferry

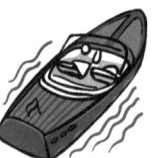

suhyɛn kumaa

la barque

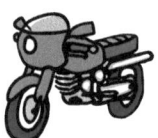

motosakre

la moto

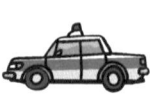

polisifoɔ kaa

la voiture de police

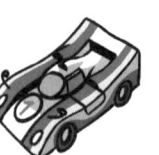

kaa a ɛkɔ mirika akansie

la voiture de course

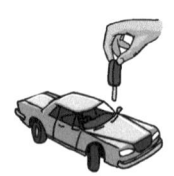

kaa a yɛde ma ahan

la voiture de location

wɔre kyɛ kaa

l'auto-partage

lɔre a asɛɛɛ

la voiture de remorquage

bɔɔla kaa

la benne à ordures

moto

le moteur

pɛtro

l'essence

baabi a yɛbu pɛtro

la station d'essence

trafik ahyɛnsodeɛ

le panneau indicateur

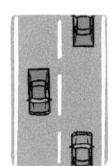

trafik

le trafic

trafik akye

l'embouteillage

baabl a yɛde kaa esi

le parking

keteke gyinabea

la gare

keteke kwan

les rails

keteke

le train

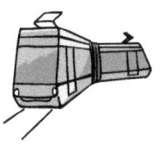

tram

le tramway

ponkɔ kaa

le wagon

helikopta

l'hélicoptère

ewiemhyɛnbea

l'aéroport

abansoro

la tour

apasingyani

le passager

tontowa

le conteneur

adaka

le carton

kaate

le chariot

kɛntɛn

la corbeille

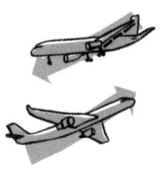

atu / asi fam

décoller / atterrir

kuro kɛseɛ

la ville

akurase

le village

kuro dwaberɛ mu

le centre-ville

efie

la maison

sinidanmu
le cinéma

dawurobɔ
la publicité

ɛkwan so kanea
le réverbère

ɛkwan
la rue

taisi
le taxi

nnipa
le piéton

kiosk
le kiosque

CINEMA

kaakwan ho
le trottoir

baabi a yɛtwa kwan mu
le passage piéton

yɛnsen wɔ mmɔntenso
ɔelle

ntwamu
le carrefour

trafik kanea
les feux de circulation

apata
la cabane

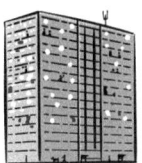

efie
l'appartement

keteke gyinabea
la gare

adwaberɛm
la mairie

bea a yɛ kora tete nneɛma
le musée

sukuu
l'école

kuro kɛseɛ - la ville

suapɔn

l'université

sikakrobea

la banque

ayaresabea

l'hôpital

ahɔhogyebea

l'hôtel

famasi

la pharmacie

asoeɛ

le bureau

sotɔɔ a wɔtɔn nwoma

la librairie

sotɔɔ

le magasin

baabi yɛtɔn nhwiren

le fleuriste

sotɔɔpɔn

le supermarché

edwam

le marché

sotɔɔ kɛseɛ

le grand magasin

baabi a yɛtɔn mpataa

la poissonnerie

dwadibea kɛseɛ

le centre commercial

suhyɛn gyinabea

le port

baabi kaa gyina

le parc

bɛnkye

la banque

ɛtwene

le pont

atwedeɛ

les escaliers

asaase ase

le métro

ɛbɔn

le tunnel

baabi a bɔs gyina

l'arrêt de bus

nsanombea

le bar

adidibea

le restaurant

lɛta adaka

la boîte à lettres

ɛkwan so akwankyerɛ

le panneau indicateur

baabɪ kaa gyina ho mita

le parcmètre

zoo

le zoo

nsuo a yɛ dware mu

le réverbère

nkramodan

la mosquée

afuo
la ferme

dɛɛ egu mmɔnten so fi
la pollution

asieɛ
la cimetière

asɔre
l'église

agodibea
l'aire de jeux

asɔre dan
le temple

mmɔnten so asiesie
le paysage

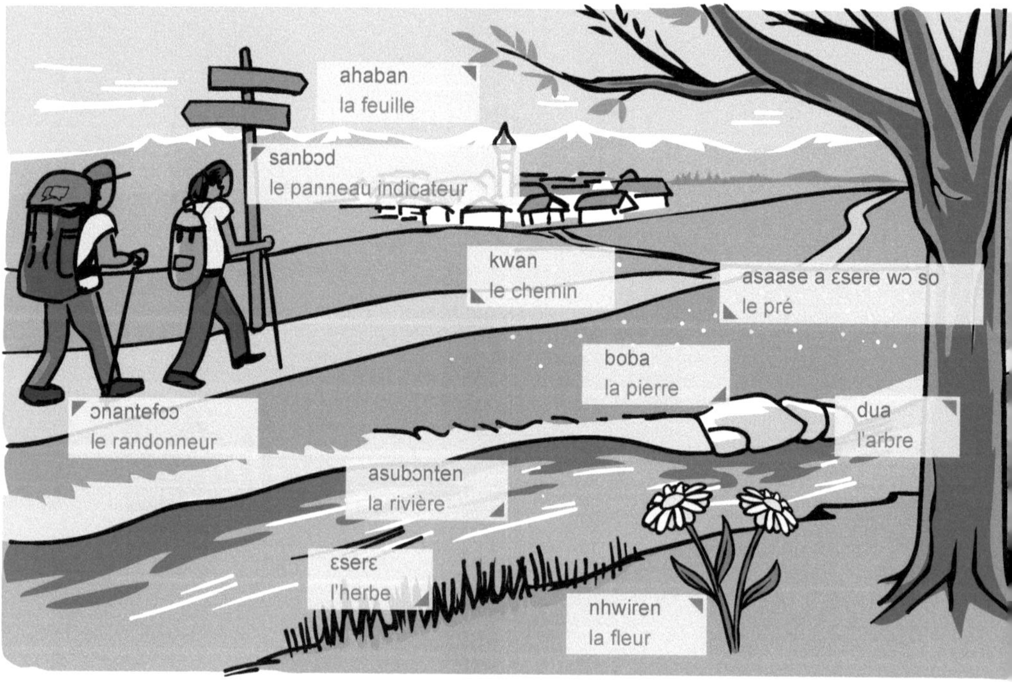

ahaban
la feuille

sanbɔd
le panneau indicateur

kwan
le chemin

asaase a ɛsere wɔ so
le pré

boba
la pierre

dua
l'arbre

ɔnantefoɔ
le randonneur

asubɔnten
la rivière

ɛserɛ
l'herbe

nhwiren
la fleur

amenamu

la vallée

bepɔ

la montagne

tadeɛ

le lac

kwaeɛ

la forêt

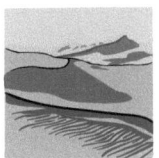

ɛserɛ so

le désert

egya a efri botan mu

le volcan

abankɛseɛ

le château

nyankontɔn

l'arc-en-ciel

emere

le champignon

abɛtene

le palmier

ntomntom

le moustique

tu

la mouche

ntɛtea

les fourmis

wowɔ

l'abeille

ananse

l'araignée

amankuo

le coléoptère

apɔnkyerɛni

la grenouille

opuro

l'écureuil

apɛsɛ

le hérisson

adanko

le lièvre

patuo

la chouette

anomaa

l'oiseau

nsuo mu dabodabo

le cygne

kɔkɔte

le sanglier

adoa

le cerf

ɔtweenini

l'élan

dam

le barrage

wind turbine afidie

l'éolienne

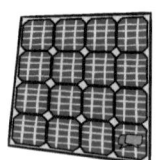

afidie a ɛkye awia

le panneau solaire

wiem nsakraeɛ

le climat

adidibea
le restaurant

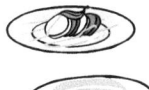

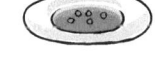

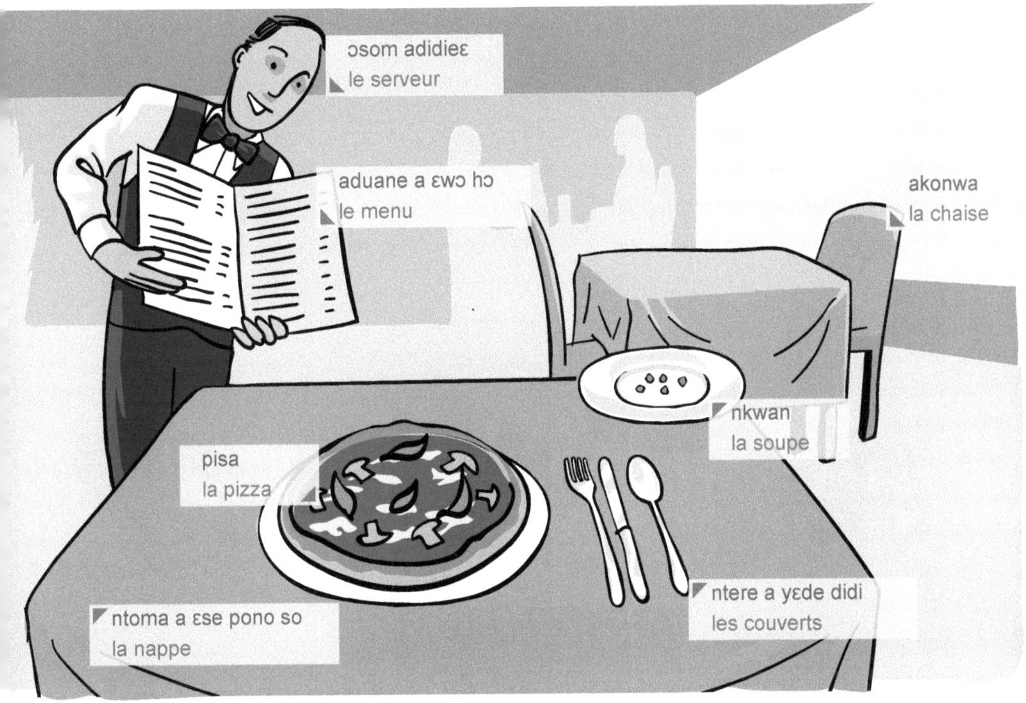
ɔsom adidieɛ
le serveur
aduane a ɛwɔ hɔ
le menu
akonwa
la chaise
nkwan
la soupe
pisa
la pizza
ntere a yɛde didi
les couverts
ntoma a ɛse pono so
la nappe

mprampra anom

les hors d'œuvre

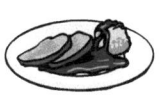

aduane no ankasa

le plat principal

mpa anom

le dessert

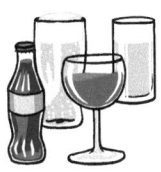

nsa

les boissons

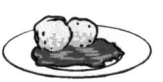

aduane

l'alimentation

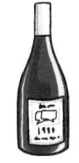

toa

la bouteille

aduane hyewhyew

le fast-food

abɔnten so aduane

les plats à emporter

tii kukuo

la théière

asikyire konko

le sucrier

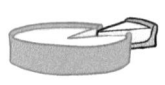

wo kyɛfa

la portion

espresso afidie

la machine à expresso

akonwa tenten

la chaise haute

wo ka

la facture

apanpan

le plateau

sekan

le couteau

adinam

la fourchette

atere

la cuillère

atere ketewa

la cuillère à thé

napkin a yɛde pepa ano

la serviette

glase

le verre

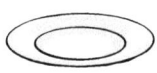

prɛte
....
l'assiette

kwan kyɛnsee
....
l'assiette à soupe

prɛte ketewa
....
la soucoupe

abomu
....
la sauce

nkyene kukuo
....
la salière

yɛde yam mako
....
le moulin à poivre

fenega
....
le vinaigre

anwa
....
l'huile

aduhwam
....
les épices

kɛkyɔp
....
le ketchup

mustad
....
la moutarde

mayones
....
la mayonnaise

sotɔɔpɔn
le supermarché

ntesoɔ soronko
l'offre promotionnelle
FOR
adetɔfoɔ
le client
nanatwie nufusuo
les produits laitiers
aduaba
les fruits
hwiili
le chariot

BUTCHERS

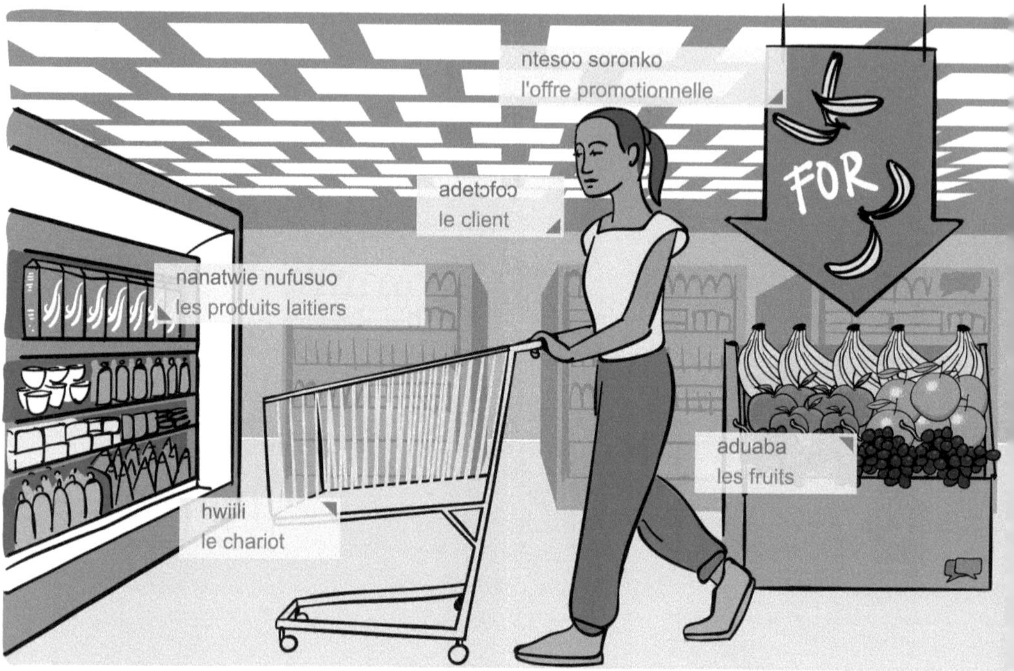

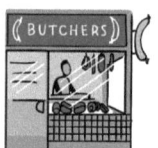

baabi a yɛtɔn nam

la boucherie

BAKERY

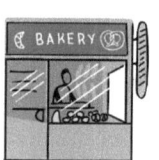

baabi a yɛtɔn paano

la boulangerie

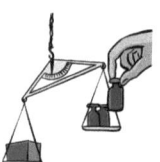

susu

peser

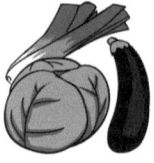

atosodeɛ

les légumes

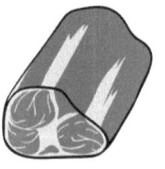

nam

la viande

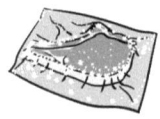

frigyemu aduane

les aliments surgelés

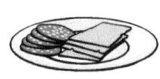

nam a adwɔɔ

la charcuterie

kyɛnsee mu aduane

les conserves

paoda samena

la poudre à lessive

adedɔkɔdɔkɔ

les bonbons

efie nneɛma

les articles ménagers

adetɔneɛ a yɛde pepa fin

les détergents

nnipa a ɔtɔn adeɛ

la vendeuse

afidie a egye sika

la caisse

ɔgyegye sika

le caissier

krataa a wodi rekɔ dɪ dwa

la liste d'achats

berɛ a wɔde bua

les heures d'ouverture

sikabotɔ

le portefeuille

kaade a yɛde yi sika

la carte de crédit

baage

le sac

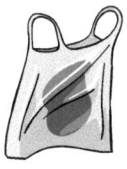

rɔba baage

le sac en plastique

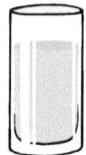

nsuo

l'eau

aduaba mu nsuo

le jus de fruit

nufusuo

le lait

kok

le coca

wain nsa

le vin

biya

la bière

mmorosa

l'alcool

kokoo

le chocolat chaud

tii

le thé

kofe

le café

espresso

l'expresso

kapukyino

le cappuccino

kwadu

la banane

apol

la pomme

ankaa

l'orange

melon

le melon

akutɔ

le citron.

karɔt

la carotte

garlik

l'ail

pampro

le bambou

gyeene

l'oignon

mmere

le champignon

nkateɛ

les noisettes

talia

les pâtes

spageti

les spaghetti

ɛmo

le riz

salad

la salade

kyipis

les pommes frites

abrɔdwomaa a y'akye

les pommes de terre rôties

pisa

la pizza

hambɔga

le hamburger

sanwekye

le sandwich

nam a dompe nnim

l'escalope

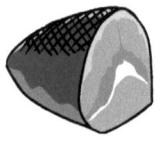

preko nam

le jambon

nam a y'ahata

le salami

sɔsege

la saucisse

akokɔ

le poulet

toto

le rôti

apataa

le poisson

oosu koko

les flocons d'avoine

muesli

le muesli

konflese

les cornflakes

esam

la farine

krossant

le croissant

paano a y'abobɔ

les petits-pains

paano

le pain

paano a y'atoto

le pain grillé

biskete

les biscuits

bɔta

le beurre

nutusuo a ada

le fromage blanc

keeke

le gâteau

kosua

l'œuf

kosua a y'akyeɛ

l'œuf au plat

kyiis

le fromage

aduane - l'alimentation

25

asskrim

la glace

asikyire

le sucre

ɛwoɔ

le miel

gyaam

la confiture

kyokolete

la crème nougat

kɔri

le curry

afuo

la ferme

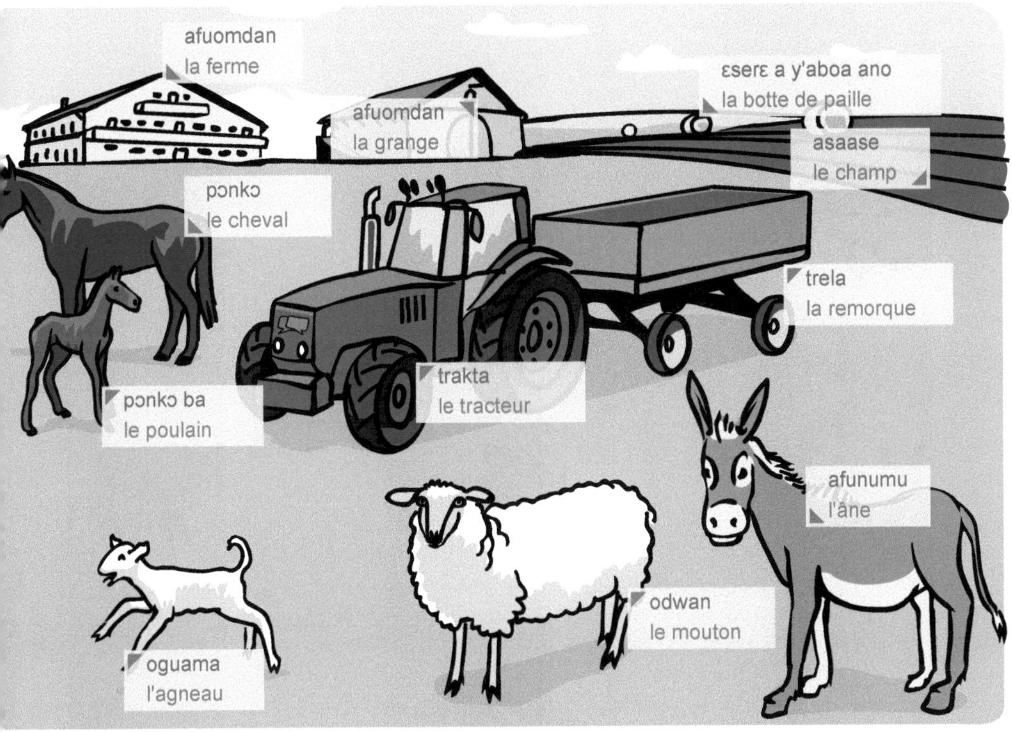
afuomdan
la ferme
ɛserɛ a y'aboa ano
la botte de paille
afuomdan
la grange
asaase
le champ
pɔnkɔ
le cheval
trela
la remorque
trakta
le tracteur
pɔnkɔ ba
le poulain
afunumu
l'âne
odwan
le mouton
oguama
l'agneau

apɔnkye

la chèvre

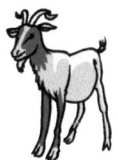

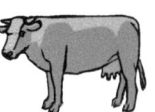

nantwie

la vache

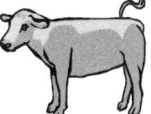

nantwie ba

le veau

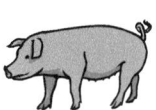

prɛko

le porc

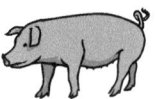

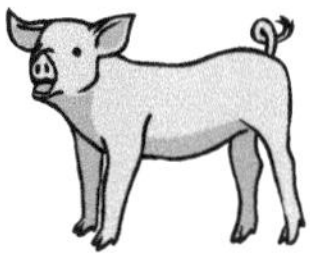

prɛko ba

le porcelet

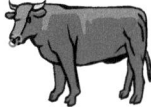

nantwinini

le taureau

dabodabo nua

l'oie

dabodabo

le canard

akokɔba

le poussin

akokɔbedeɛ

la poule

akokɔnini

le coq

kusie

le rat

ɔkra

le chat

akura

la souris

nantwinini

le bœuf

kraman

le chien

kraman buo

le chenil

afuom drobɛn

le tuyau de jardin

tontora a yɛde gu nsuo

l'arrosoir

sekan a yɛde twa aburo

la faucheuse

funtum dadeɛ

la charrue

kontonkro

la faucille

asɔ

la pioche

afuom adinam

la fourche

akuma

la hache

hweebaro

la brouette

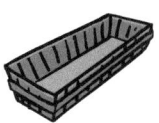

adidika

la cuve

nufusuo konko

le pot à lait

botɔ

le sac

ɛban

la clôture

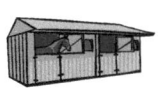

ponkɔ dan

l'étable

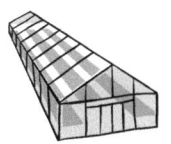

ntomadan a yɛyɛ mu afuo

le serre

anwea

le sol

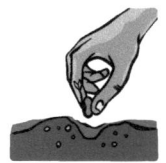

aba

les semences

ɔyɛ asaaseyie

l'engrais

otwaberɛ trakta

la moissonneuse-batteuse

twa
récolter

otwaberɛ
la récolte

bayerɛ
l'igname

ayuo
le blé

soya
le soja

abrɔdwomaa
la pomme de terre

aburo
le maïs

repu aba
le colza

dua a ɛso aba
l'arbre fruitier

bankye
le manioc

aburo asefoɔ
les céréales

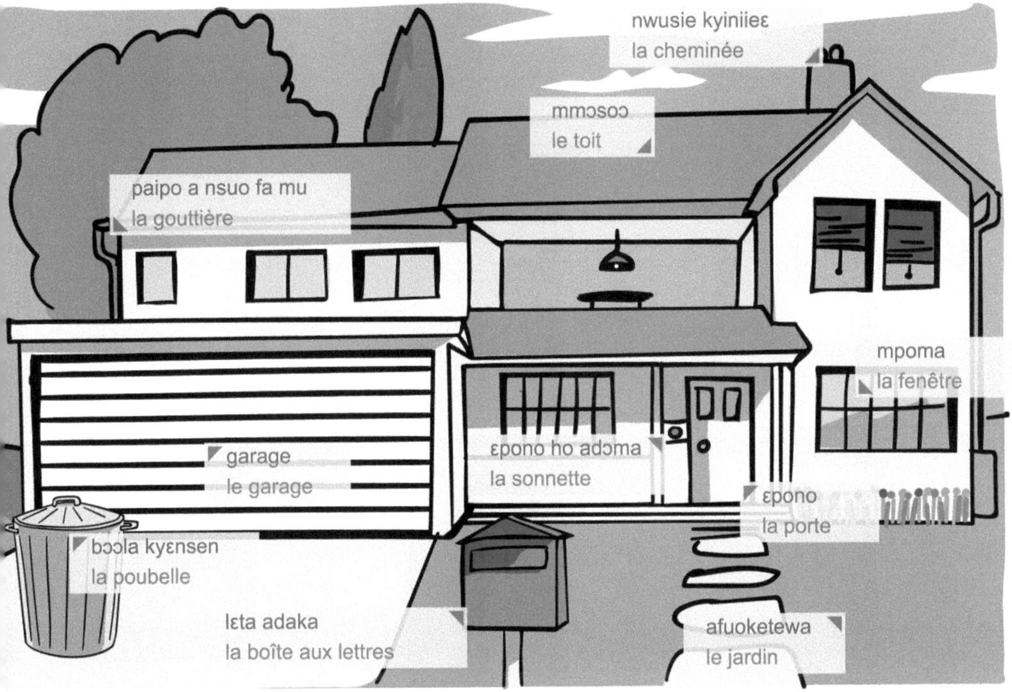

nwusie kyiniieɛ
la cheminée

mmɔsoɔ
le toit

paipo a nsuo fa mu
la gouttière

mpoma
la fenêtre

garage
le garage

ɛpono ho adɔma
la sonnette

ɛpono
la porte

bɔɔla kyɛnsen
la poubelle

lɛta adaka
la boîte aux lettres

afuoketewa
le jardin

asaso

le salon

adwareɛ

la salle de bain

mukaase

la cuisine

pie mu

la chambre à coucher

nkwadaa dan mu

la chambre d'enfant

dan a yɛdidi mu

la salle à manger

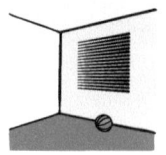

εfam
....
le sol

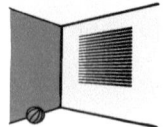

εban
....
le mur

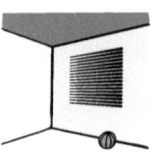

abruuso
....
le plafond

danbloo
....
la cave

adwereε a εbɔ ɔhyew
....
le sauna

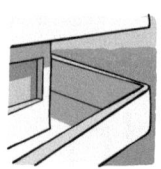

abranaa
....
le balcon

abranaaso
....
la terrasse

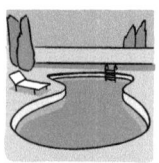

nsuo a yεdware mu
....
la piscine

afidie a yεde dɔ
....
la tondeuse à gazon

nsεfam
....
la housse

ntoma a εse kεtε so
....
la couette

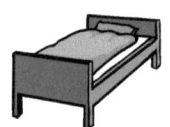

mpa
....
le lit

prayε
....
le balai

bokiti
....
le sceau

dane
....
l'interrupteur

asaso
le salon

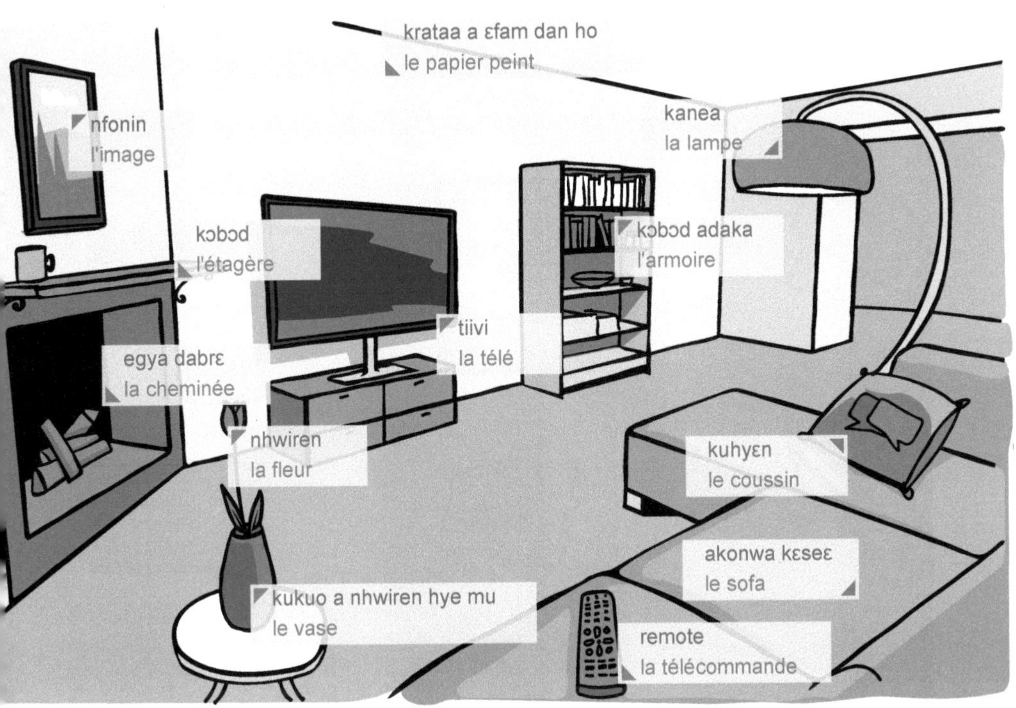

krataa a ɛfam dan ho
le papier peint
nfonin
l'image
kanea
la lampe
kɔbɔd
l'étagère
kɔbɔd adaka
l'armoire
tiivi
la télé
egya dabrɛ
la cheminée
nhwiren
la fleur
kuhyɛn
le coussin
akonwa kɛseɛ
le sofa
kukuo a nhwiren hye mu
le vase
remote
la télécommande

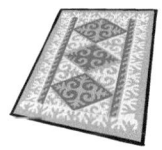

kapɛte

le tapis

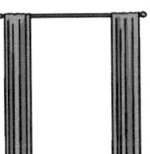

ntwaa dan mu

le rideau

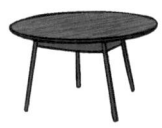

ɛpono

la table

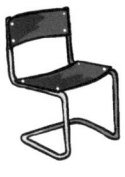

akonwa

la chaise

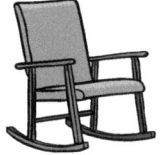

akonwa a ehinhim

la chaise à bascule

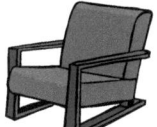

akonwa a yɛgyegye dan

le fauteuil

nwoma

le livre

kuntu

la couverture

dan mu nsiesie

la décoration

egya

le bois de chauffage

sini

le film

wailɛs

la chaîne hi-fi

safoa

la clé

koowaa krataa

le journal

nfonin a y'adwi

la peinture

nfam danho

le poster

radio

la radio

krataa a yɛ twere mu

le bloc-notes

afidie a ɛprapra

l'aspirateur

kaktus

le cactus

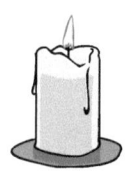

kyɛnere

la bougie

mukaase
la cuisine

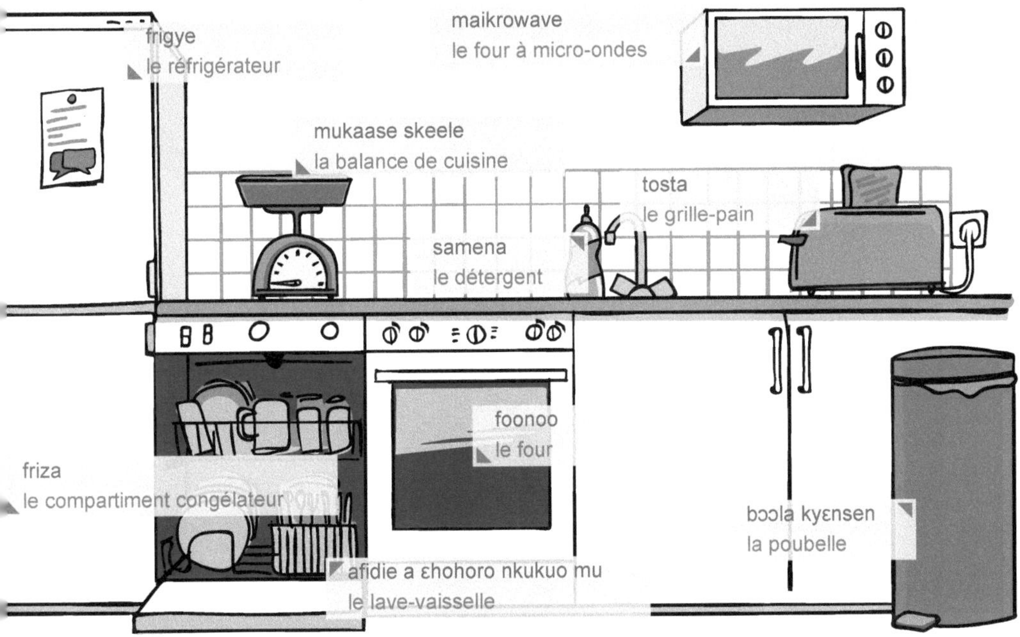

frigye
le réfrigérateur
maikrowave
le four à micro-ondes
mukaase skeele
la balance de cuisine
tosta
le grille-pain
samena
le détergent
foonoo
le four
friza
le compartiment congélateur
bɔɔla kyɛnsen
la poubelle
afidie a ɛhohoro nkukuo mu
le lave-vaisselle

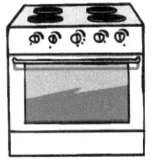

abɛɛfo bukyea

le four

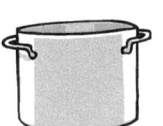

kokuo

la casserole

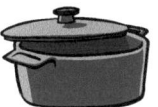

dadesɛn

la marmite

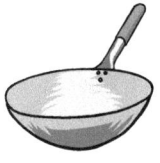

wok / kadai

le wok / kadai

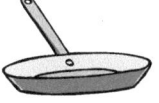

kyɛnsee

la poêle

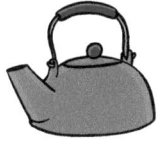

nsuo hyeɛ afidie

la bouilloire electrique

stiima

le cuiseur vapeur

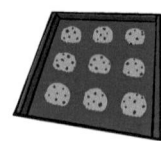

apa a yɛ to so adeɛ

la plaque de cuisson

prɛte, kuruwa, ntere ne nea ɛkeka ho

la vaisselle

kuruwa a etumi bɔ

le gobelet

kyɛnsee

la coupe

nnua a yɛde didi

les baguettes

kwantre

la louche

dua atere

la spatule

yɛde nu adeɛ mu

le fouet

sɔneɛ

la passoire

fefe

le tamis

greta

la râpe

waduro

le mortier

kyinkyinga

le barbecue

bukyea

la cheminée

pono a yɛ twitwaso adeɛ

la planche à découper

ɛta

le rouleau à pâtisserie

deɛ yɛtu nsa so

le tire-bouchon

konko

la boîte

deɛ yɛde bue konko so

l'ouvre-boîte

yɛde sɔ kukuo mu

les maniques

sink

le lavabo

brɔhye

la brosse

sapɔ

l'éponge

aduane yam fidie

le mixeur

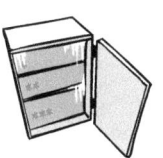

friza nini

le congélateur

toa a abɔdoma nom ano

le biberon

paipo

le robinet

adwareɛ

la salle de bain

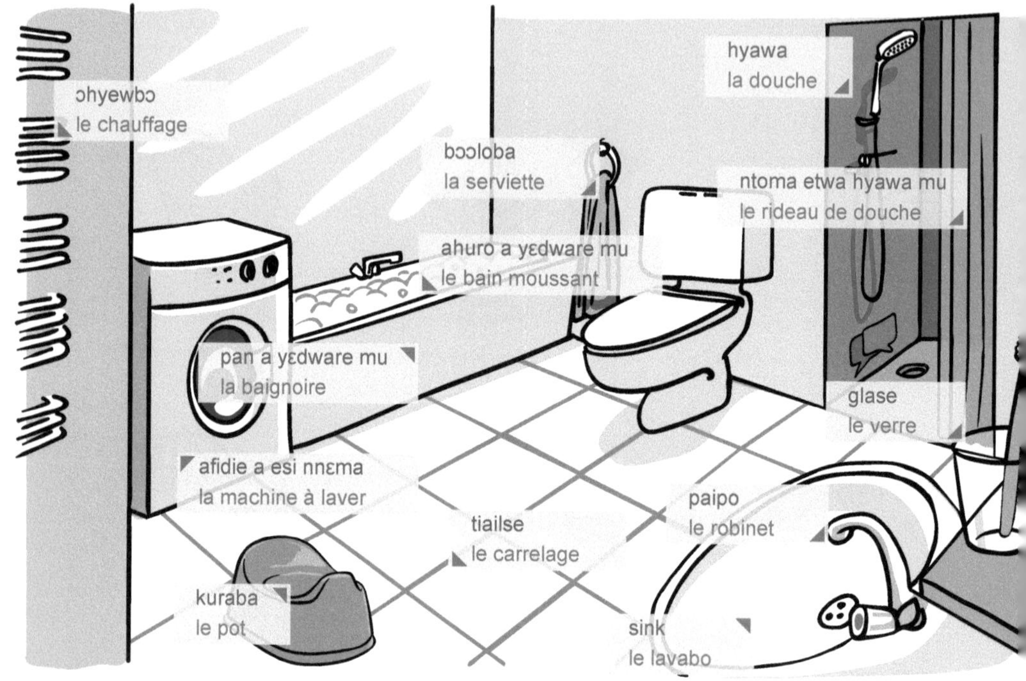

hyawa
la douche
ɔhyewbɔ
le chauffage
bɔɔloba
la serviette
ntoma etwa hyawa mu
le rideau de douche
ahuro a yɛdware mu
le bain moussant
pan a yɛdware mu
la baignoire
glase
le verre
afidie a esi nnɛma
la machine à laver
paipo
le robinet
tiailse
le carrelage
kuraba
le pot
sink
le lavabo

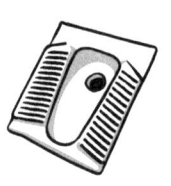

teɛfi

les toilettes

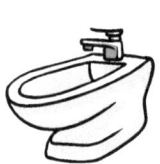

teɛfi a yɛ koto so

la toilette à la turque

bidet teɛfi

le bidet

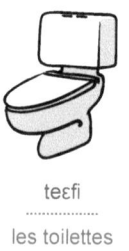

dwonsɔ dan

l'urinoir

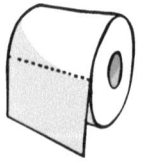

teɛfi so krataa

le papier toilette

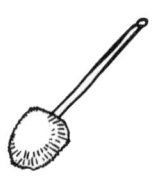

teɛfi so brɔhye

la brosse à toilette

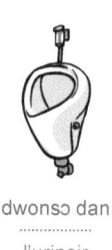

rɔhye a yɛde twitwiri see

la brosse à dents

aduro a yɛde twitwiri see

le dentifrice

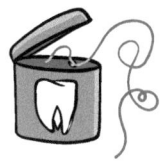

yɛde yiyi ɛsee mu

le fil dentaire

si

laver

hyawa a yɛsɔ mu

la douche manuelle

paipo a yɛde hohoro ananmu

la douche intime

bokiti

la vasque

brɔhye a wode dware w'akyi

la brosse dorsale

samena

le savon

hyawa samena

le gel douche

nsuo samena

le shampooing

flanɛl ntoma

le gant de toilette

baabi a nsu fa pue

l'écoulement

nku

la crème

yɛde fefa amotoamu

le déodorant

ahwehwɛ

le miroir

ahwehwɛ a yɛsɔ mu

le miroir cosmétique

bled

le rasoir

ahuro a yɛde yi nwi

la mousse à raser

aduro a yɛde fefa baabi a
wo ayi nwi

l'après-rasage

afen

la peigne

brɔhye

la brosse

afidie a ɛwo nwi

le sèche-cheveux

enwi sopre

la laque pour cheveux

pɔns

le fond de teint

lipstike

le rouge à lèvres

penti a yɛde mɔreɛ so

le vernis à ongles

asaawa

l'ouate

apasoɔ a etwa mmɔreɛ

le coupe-ongles

aduhwam

le parfum

adwareɛ baage
la trousse de toilette

edwa
le tabouret

skele
le pèse-personne

adwereɛ ataadeɛ
le peignoir

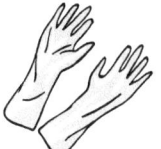

rɔba a yɛde hyɛ nsa ho
les gants de nettoyage

tampon
le tampon

abɛɛfo amonsen
es serviettes hygiéniques

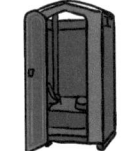

teɛfi a aduro gum
la toilette chimique

nkwadaa dan mu

la chambre d'enfant

klɔk a ɛbɔ nkaeɛ
le réveil
kyoobi
le doudou
toi kaa
la voiture jouet
akasaa
le hochet
broniba dan
la maison de poupée
seeseiara
le cadeau

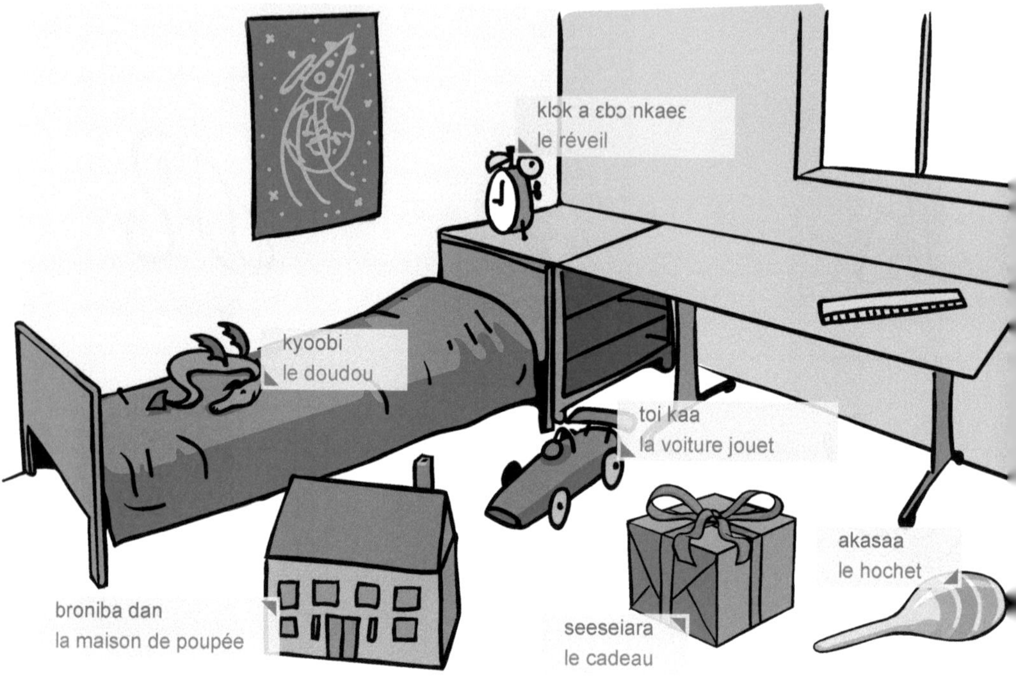

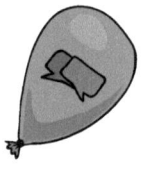

baaluu

le ballon

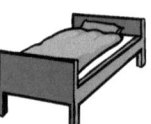

mpa

le lit

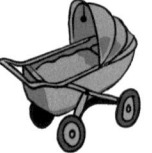

nkwadaa kaa

la poussette

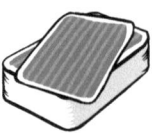

sopaa

le jeu de cartes

gyiksɔɔ

le puzzle

SUPER
MEGA

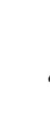

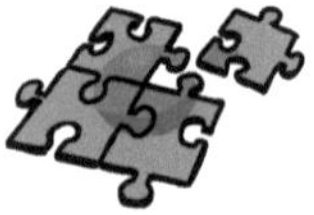

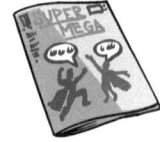

nsɛnkwa

la bande dessinée

lego blɔg

les pièces lego

blɔg a yɛde si dan

les blocs de construction

nnipa ɔbɔhye

la figurine

abɔdoma ataadeɛ

la grenouillère

frisbee

le frisbee

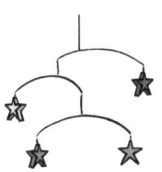

mobail

le mobile

ponoso agodie

le jeu de société

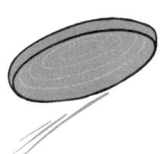

daahye

le dé

nkwadaa keteke

le train miniature

koliko

la sucette

apontoɔ

la fête

nfonin nwoma

le livre d'images

bɔɔlo

la balle

broniba

la poupée

di agorɔ

jouer

anwea adaka

le bac à sable

adonko

la balançoire

tois

les jouets

video agodie apaawa

la console de jeu

sakre a ne nan meɛnsa

le tricycle

kyoobi

l'ours en peluche

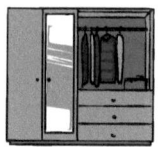

wɔdropo

l'armoire

ntaadeɛ
les vêtements

sɔks

les chaussettes

stokens

les bas

sekentait

le collant

duku
l'écharpe

kyiniɛ
le parapluie

t-hyɛɛt
le t-shirt

bɛlɛte
la ceinture

mpaboa
les bottes

kyalewate
les pantoufles

kamboo
les baskets

asopatre
les sandales

mpoboa
les chaussures

rɔba mpaboa
les bottes de caoutchouc

ɛtam
les sous-vêtements

bra
le soutien-gorge

singlɛte
le maillot de corps

nipadua

le body

trɔsa

le pantalon

gyins

le jean

sekɛɛt

la jupe

ɛsoro ataadeɛ

le chemisier

hyɛɛte

la chemise

nkatoho a ɛko awɔ

le pull

hoodie

le sweat à capuche

koot

la veste

nkatasoɔ

la veste

nkatasoɔ

le manteau

nsutɔ mu nkataho

l'imperméable

dwumadie bi ho ataadeɛ

le costume

mmaa atadeɛ

la robe

ayefrɔ ataadeɛ

la robe de mariée

kootu

le costume

mmaa ataadeɛ a yɛde da

la chemise de nuit

pigyamas ataadeɛ

le pyjama

sari

le sari

duku

le foulard

abotire

le turban

burka

la burqa

kaftan

le caftan

nkramofoɔ mmaa atadeɛ

l'abaya

ataadeɛ a yɛde dware nsuo

le maillot de bain

asenemu ataadeɛ

le maillot de bain

nika

le short

agokansie ntaadeɛ

la tenue d'entraînement

akatasoɔ

le tablier

nsa nkataho

les gants

bɔtom
le bouton

sopɛɛse
les lunettes

ahwneɛ
le bracelet

komadeɛ
le collier

kawa
la bague

asomadeɛ
la boucle d'oreille

ɛkyɛ
le bonnet

yɛde koot sɛn so
le cintre

ɛkyɛ
le chapeau

abɔmene mu
la cravate

zip
la fermeture éclair

ɛkyɛ denden
le casque

bresis
les bretelles

sukuu ataadeɛ
l'uniforme scolaire

adwuma ataadeɛ
l'uniforme

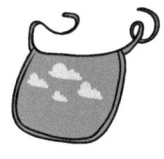

mmɔfra bib

le bavoir

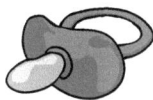

koliko

la sucette

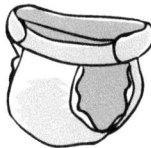

nkwadaa napken

la lange

asoeɛ

le bureau

sɛɛva
le serveur
kabenɛt
l'armoire d'archivage
printa
l'imprimante
krataa
le papier
monita
l'écran
Maws
la souris
ɛpono a yɛyɛ so adwuma
le bureau
nhyemu
le classeur
ntwerɛɛɛ pono
le clavier
akonwa
la chaise
a yɛde krataa nwura gu mu
eille à papier
komputa
l'ordinateur

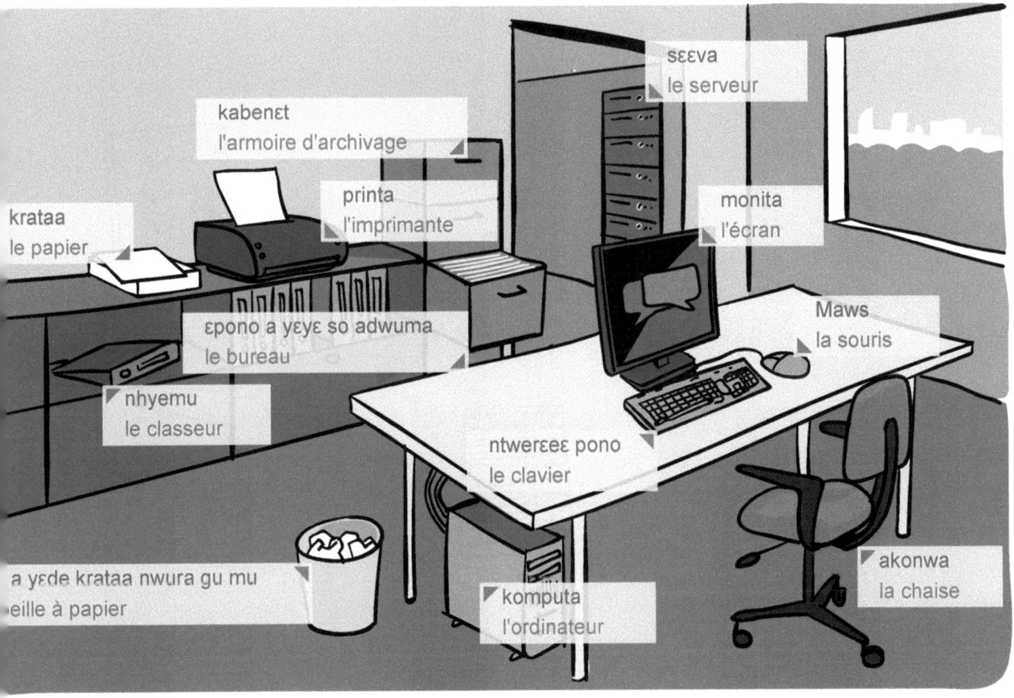

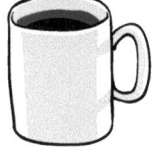

kɔfe kuruwa

la tasse de café

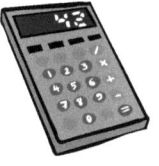

akontabuo fidie

la calculatrice

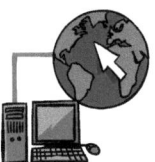

intanɛt

l'internet

laptop

l'ordinateur portable

lɛta

la lettre

nkratɔɔ

le message

mobail kasafidie

le portable

nɛtwɛke

le réseau

fotokɔpi

la photocopieuse

softwɛɛ

le logiciel

tetefon

le téléphone

sɔkɛt

la prise

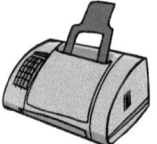

faks afidie

le fax

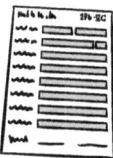

katraa

le formulaire

nkrataa

le document

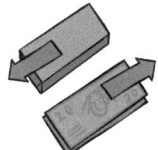

tɔ

acheter

tua

payer

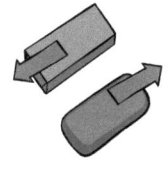

di dwa

faire du commerce

sika

la monnaie

dollar

le dollar

euro

l'euro

yen

le yen

rubel

le rouble

Swiss franks

le franc suisse

renminbi yuan

le renminbi yuan

rupii

la roupie

baabi yɛtua sika

le distributeur automatique

baabi a yɛ sesa sika

le bureau de change

sika kɔkɔɔ

l'or

dwetɛ

l'argent

now

le pétrole

ahoɔden

l'énergie

ne boɔ

le prix

kontragye

le contrat

ɛtoɔ

la taxe

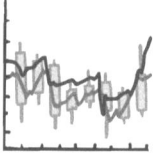

stɔk

l'action

adwuma

travailler

adwumayɛni

l'employé

adwumawura

l'employeur

mfididwuma mu

l'usine

sotɔɔ

le magasin

nwuma ahodoɔ
les professions

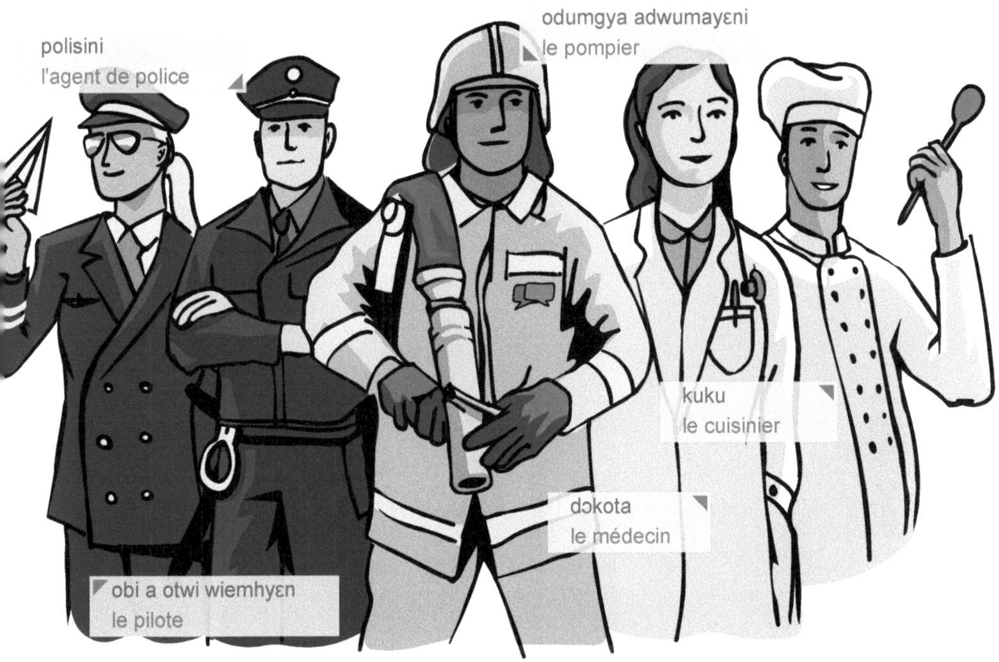

polisini
l'agent de police
odumgya adwumayɛni
le pompier
kuku
le cuisinier
dɔkota
le médecin
obi a otwi wiemhyɛn
le pilote

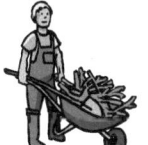

ɔyɛ afuo

le jardinier

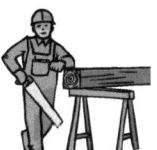

dua dwomfoɔ

le menuisier

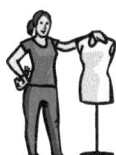

adepani baa

la couturière

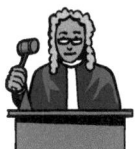

atɛnmuafoɔ

le juge

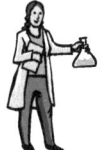

ɔtɔn nnuro

le chimiste

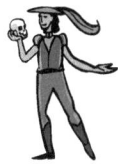

sini yɛfoɔ

l'acteur

bɔs drɔba
....
le conducteur de bus

taisi drɔba
....
le chauffeur de taxi

ɔpofoɔ
....
le pêcheur

ɔbaa a osiesie fie
....
la femme de ménage

ɔbɔdanso
....
le couvreur

ɔsom adidieɛ
....
le serveur

bomɔfoɔ
....
le chasseur

penta
....
le peintre

ɔto paano
....
le boulanger

ɔyɛ nkaneɛ ho adwuma
....
l'électricien

ɔdansifoɔ
....
l'ouvrier

inginia
....
l'ingénieur

ɔdwa nam
....
le boucher

plɔmba
....
le plombier

krataa manefoɔ
....
le facteur

sogyani

le soldat

ɔdwi adan

l'architecte

ɔgyegye sika

le caissier

ɔtɔn nhwiren

le fleuriste

ɔyɛ tire

le coiffeur

meeti

le contrôleur

fitani

le mécanicien

nnipa a otwi suhyɛn

le capitaine

ɛsee dɔkota

le dentiste

abɔdeɛ mu nlmdefoɔ

le scientifique

rabi

le rabbin

kramo panin

l'imam

ɔsɔfo

le moine

osɔfo

le prêtre

anwenade

les outils

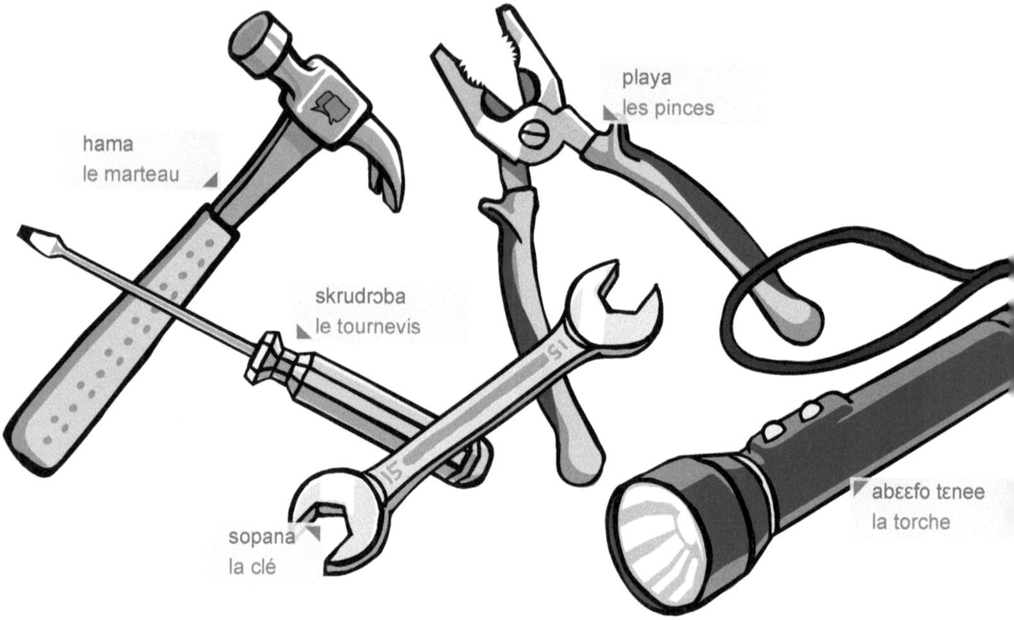
hama
le marteau
playa
les pinces
skrudrɔba
le tournevis
sopana
la clé
abɛɛfo tɛnee
la torche

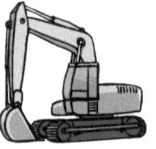

otu amena

la pelleteuse

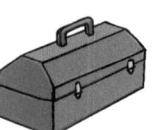

anwenade adaka

la boîte à outils

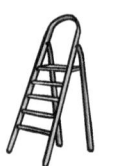

atwedeɛ

l'échelle

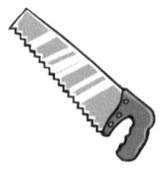

asradaa

la scie

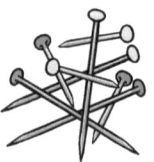

nnadewa

les clous

afidie a yɛde bɔne tokro

la perceuse

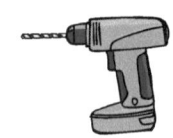

siesie

réparer

asanwura

la pelle

sofi

la pelle

penti kukuo

le pot de peinture

Ebei!

Mince !

skruu

les vis

nnɛɛma a yɛde bɔ nwom

les instruments de musique

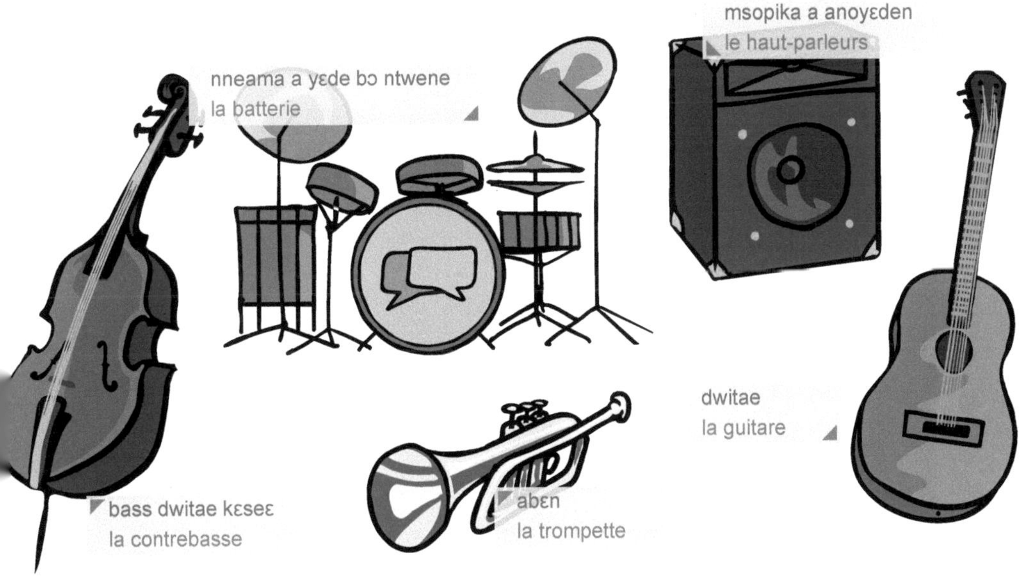

msopika a anoyɛden
le haut-parleurs

nneama a yɛde bɔ ntwene
la batterie

dwitae
la guitare

bass dwitae kɛseɛ
la contrebasse

abɛn
la trompette

sankuo

le piano

ahoma sankuo

le violon

bass dwitae

la basse

atumpan

les timbales

ntwene

le tambour

ntwerɛɛ apa

le piano électrique

saksofon

le saxophone

atentenbɛn

la flûte

maikrofon

le microphone

ɛpono ano
l'entrée

cɛbɔ
le tigre

mmoa dan
la cage

zebra
le zèbre

mmoa aduane
l'alimentation animale

panda
le panda

mmoa
les animaux

ɔsono
l'éléphant

kangaru
le kangourou

raino
le rhinocéros

akatea
le gorille

sisire
l'ours

afunuponkɔ

le chameau

sohori

l'autruche

gyata

le lion

adwee

le singe

flamingo

le flamand rose

ako

le perroquet

awɔ mu sisire

l'ours polaire

penguin

le pingouin

oboodede

le requin

akɔkonini abankwa

le paon

wɔwɔ

le serpent

dɛnkyɛm

le crocodile

nnipa ɛhwɛ zoo so

le gardien de zoo

nsuo mu gyata

le phoque

sebɔ

le jaguar

 pɔnkɔ ba

le poney

etwie

le léopard

susuono

l'hippopotame

kɔntenten

la girafe

ɔkɔdeɛ

l'aigle

kɔkɔte

le sanglier

apataa

le poisson

sudandan

la tortue

walrus

le morse

sakraman

le renard

ɔtwee

la gazelle

Amerikafoɔ futbɔɔlo
l'american Football

skre twie
le cyclisme

tennis
le tennis

basketbɔɔlo
le basket-ball

nsuom adwareɛ
la natation

asukɔkyea so hɔki
le hockey sur glace

akutruku
la boxe

futbɔl
le football

badmintin
le badminton

mirikatuo
l'athlétisme

bɔɔlo a yɛde nsa bɔ
le handball

skii
le ski

polo
le polo

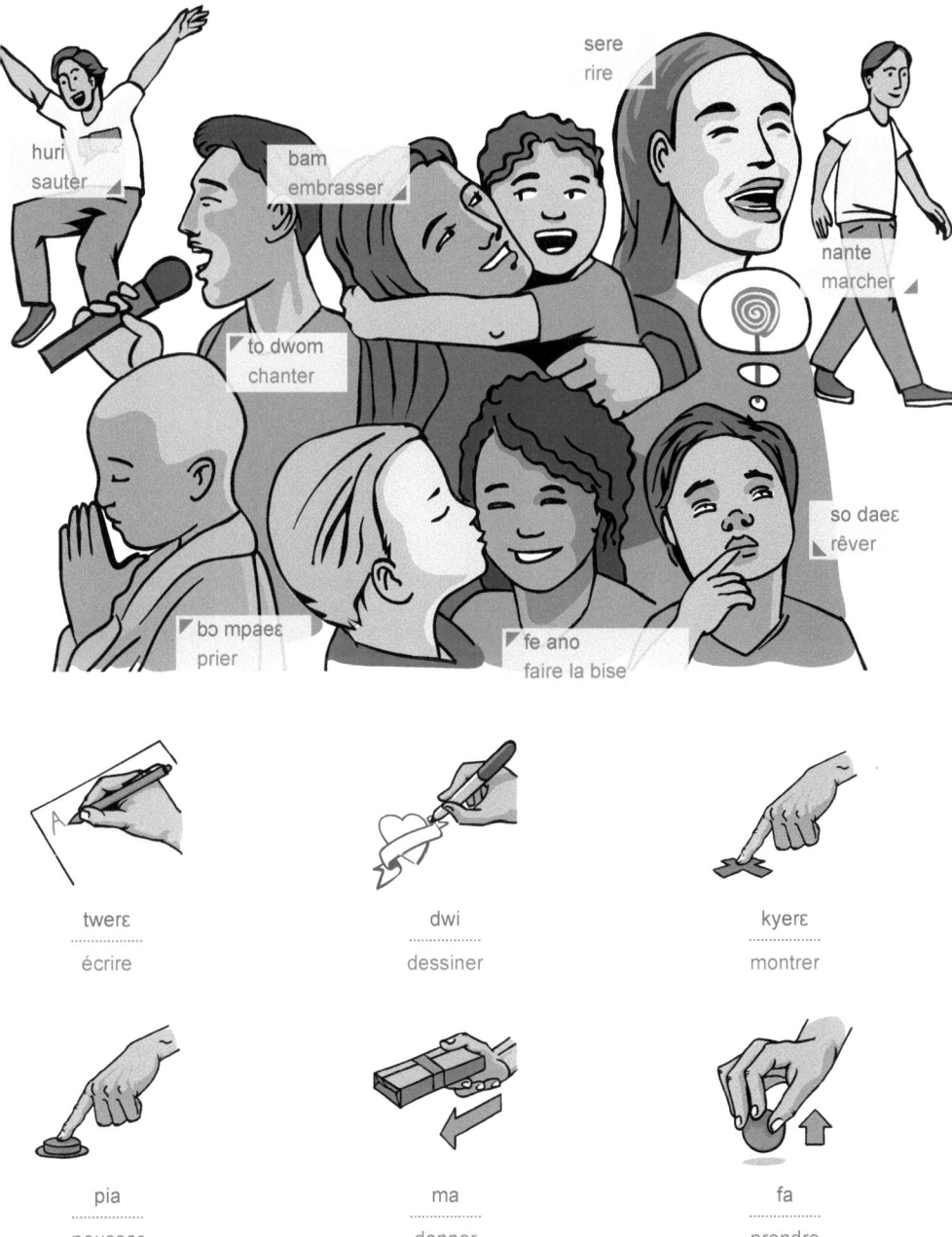

huri
sauter

bam
embrasser

sere
rire

nante
marcher

to dwom
chanter

so daeɛ
rêver

bɔ mpaeɛ
prier

fe ano
faire la bise

twerɛ	dwi	kyerɛ
écrire	dessiner	montrer

pia	ma	fa
pousser	donner	prendre

nya

avoir

yɛ

faire

yɛ

être

gyina

être debout

tu mirika

courir

twe

trier

to

jeter

tɔ fam

tomber

da hɔ

être couché

twɛn

attendre

soa

porter

tenase

être assis

hyɛ ataadeɛ

s'habiller

da

dormir

nyane

se réveiller

hwɛ

regarder

su

pleurer

san ho

caresser

nunum

peigner

kasa

parler

te aseɛ

comprendre

bisa

demander

tie

écouter

nom

boire

dɪdɪ

manger

yɛ nsiesie

ranger

ɔdɔ

aimer

noa

cuire

twi

conduire

tu

voler

fa nsuo so

faire de la voile

sese

calculer

kenkan

lire

sua

apprendre

adwuma

travailler

ware

se marier

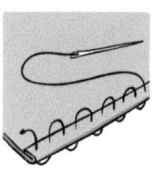

pam

coudre

twitwiri wo se

brosser les dents

kum

tuer

nom gyɔt

fumer

mane

envoyer

abusua
la famille

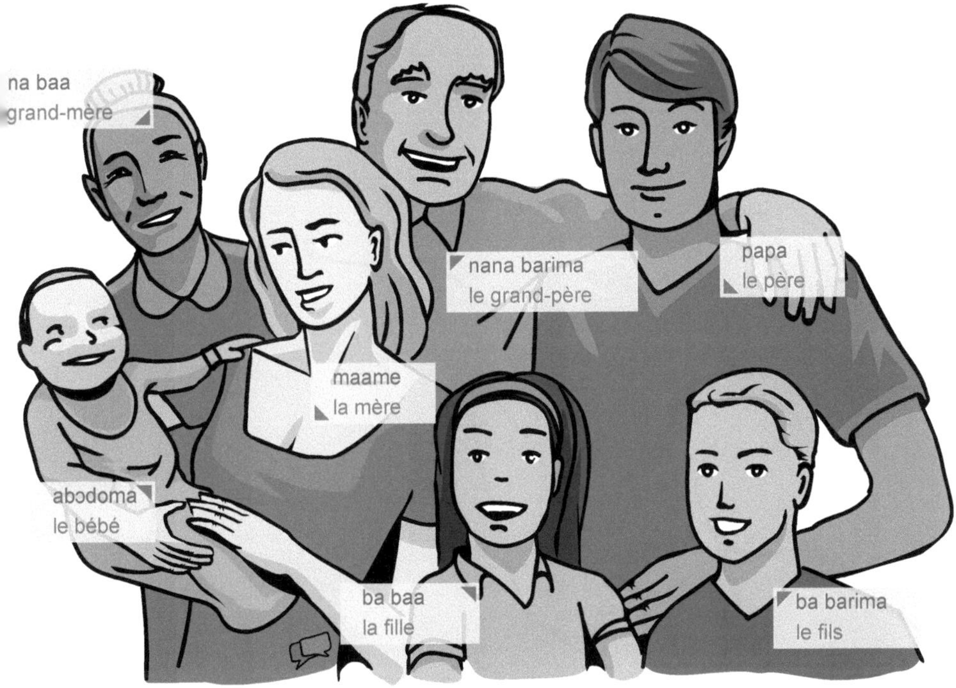

na baa
grand-mère
nana barima
le grand-père
papa
le père
maame
la mère
abɔdoma
le bébé
ba baa
la fille
ba barima
le fils

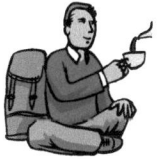

ɔhɔhoɔ

l'hôte

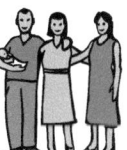

sewaa

la tante

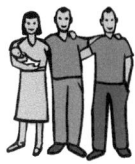

wɔfa

l'oncle

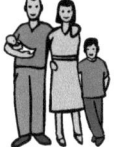

nua barima

le frère

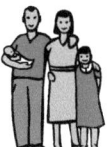

nua baa

la sœur

nipadua

le corps

moma
le front
ani
l'œil
abɛtire
l'épaule
nsatea
le doigt
anim
le visage
apantan
le menton
nsa
la main
ɛnan
la jambe
nufoɔ
la poitrine
nsa
le bras

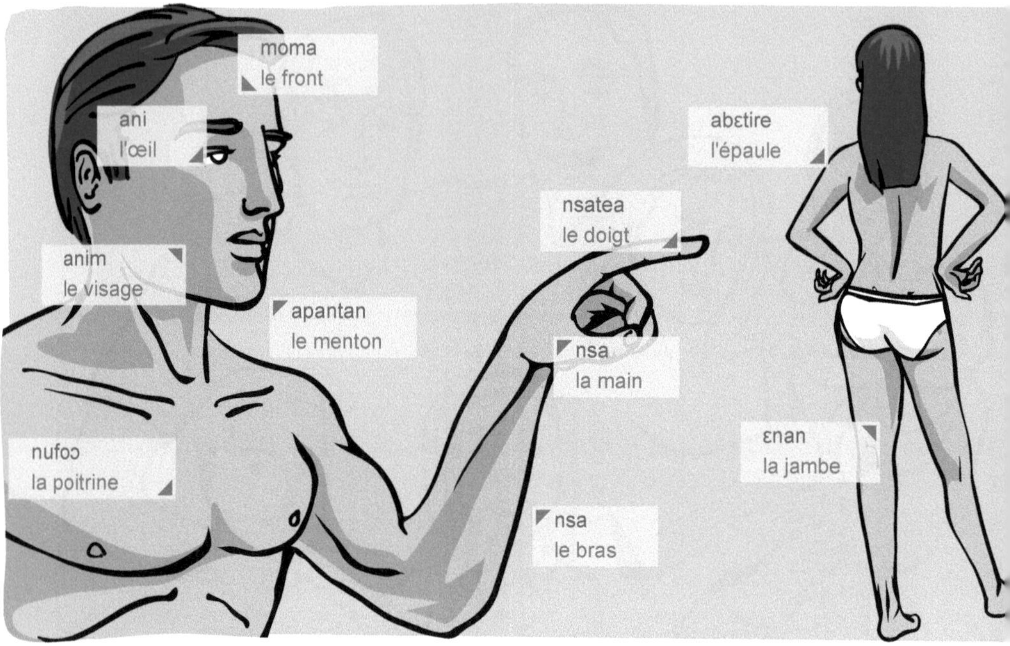

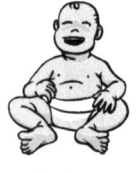

abɔdoma

le bébé

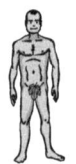

barima

l'homme

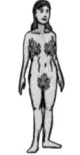

ɔbaa

la femme

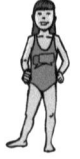

abayewa

la fille

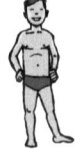

abarimawa

le garçon

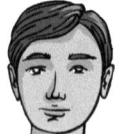

etire

la tête

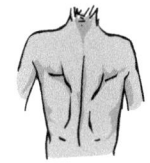

akyi

le dos

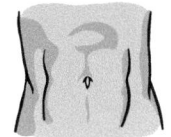

afro

le ventre

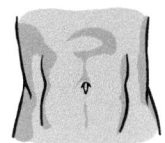

fruma

le nombril

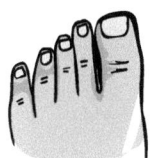

nansoa

l'orteil

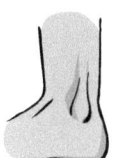

nantini

le talon

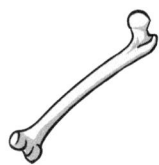

dompe

l'os

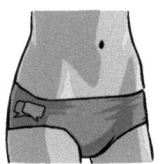

ataasɔ

la hanche

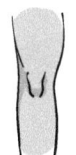

kotodwe

le genou

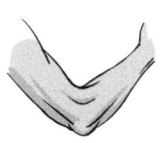

abatwɛ

le coude

ɛhwene

le nez

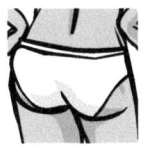

ɛtoɔ

les fesses

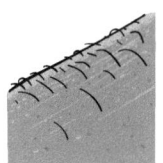

wedeɛ

la peau

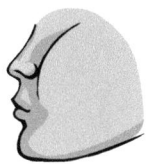

afono

la joue

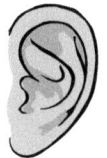

aso

l'oreille

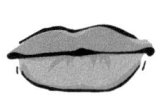

ano

la lèvre

anom

la bouche

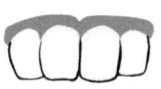

ɛsee

la dent

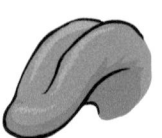

tɛkyerɛma

la langue

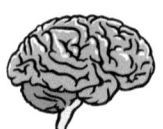

adwene

le cerveau

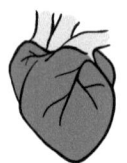

akoma

le cœur

ntini

le muscle

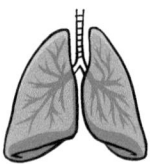

aharawa

les poumons

brɛbɔɔ

le foie

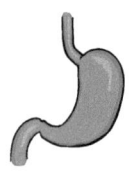

yafunu

l'estomac

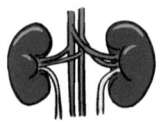

asaa

les reins

nna

le rapport sexuel

kɔndɔm

le préservatif

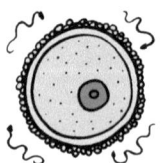

ɔbaa nkosua

l'ovule

barima ho nsuo

le sperme

nyinsɛn

la grossesse

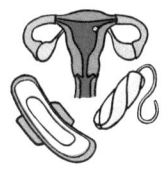

nsabuo

la menstruation

εtwε

le vagin

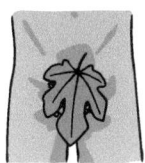

kɔteε

le pénis

anintɔn

le sourcil

enwin

les cheveux

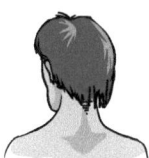

εkɔn

le cou

ayaresabea
l'hôpital

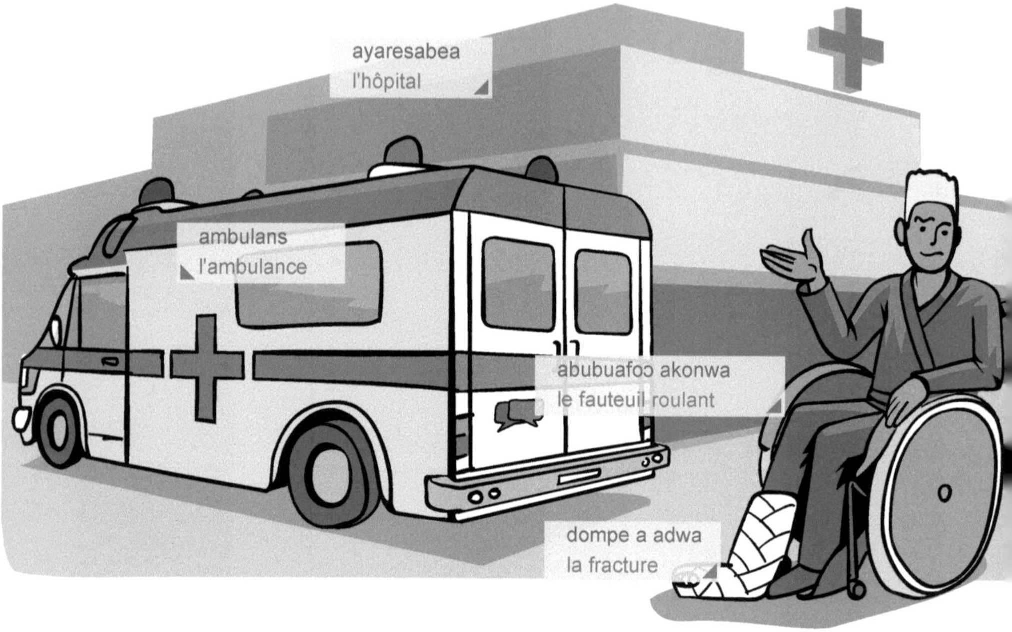

ayaresabea
l'hôpital
ambulans
l'ambulance
abubuafoɔ akonwa
le fauteuil roulant
dompe a adwa
la fracture

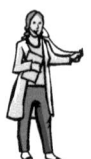

dɔkota

le médecin

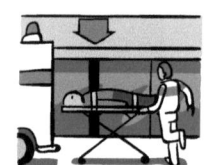

ɛdan a wɔde putupru nsɛm kɔmu

le service des urgences

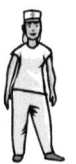

nɛɛse

l'infirmière

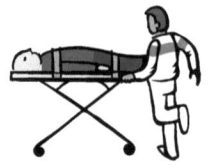

putupru

l'urgence

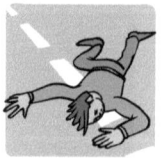

wɔ atwa ahwe

inconscient

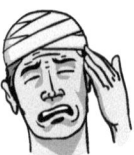

yea

la douleur

epira

la blessure

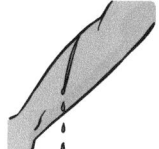

mogyatuo

l'hémorragie

akoma yarenini

la crise cardiaque

stroke yareɛ

l'attaque cérébrale

allegyi

l'allergie

ɛwa

la toux

ahoɔhyeɛ

la fièvre

papu

la grippe

ayamtuo

la diarrhée

tipaeɛ

le mal de tête

kokoram

le cancer

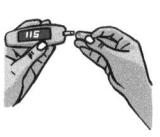

asɪkyɪre yareɛ

le diabète

dɔkota a ɛyɛ oprehyɛn

le chirurgien

skapɛl sekan

le scalpel

aprehyɛn

l'opération

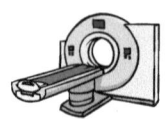

CT

le CT

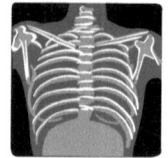

x-ray

la radiographie

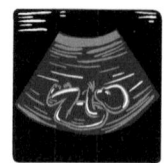

ultrasound

l'échographie

nkatanim

le masque

yareɛ

la maladie

ɛdan a wɔ twɛn mu

la salle d'attente

krɔhyes

la béquille

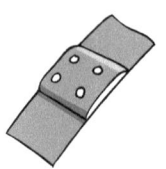

plasta

le pansement

banege

le pansement

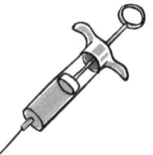

paneɛ

l'injection

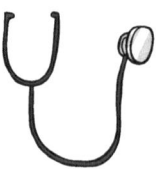

Stetoskop

le stéthoscope

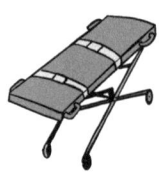

ahomankaa

le brancard

afidie a esusu ahoɔhyeɛ

le thermomètre

awoɔ

l'accouchement

kɛseɛ mmorosoɔ

la surcharge pondérale

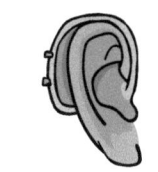

afidie a ɛboa asɛmtie

l'appareil auditif

aduro a ekum mmoawa

le désinfectant

yareɛ a mmoawa deba

l'infection

vaarɔs

le virus

HIV / AIDS

le VIH / le sida

aduro

le médicament

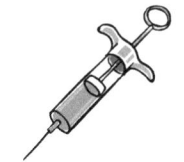

aduro a esi yareɛ ano

la vaccination

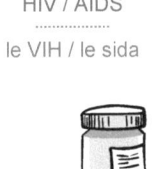

aduro tablɛte

les comprimés

topaeɛ

la pilule

ɔfrɛ wɔ putupru so

l'appel d'urgence

afidie a esusu mogya mmrosoɔ

le tensiomètre

yareɛ / apomuden

malade / sain

Boa me!

Au secours !

kɔkɔbɔ

l'alarme

ɛbɔrɔ

l'assaut

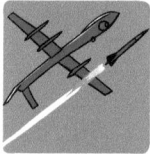

ato ahyɛ obi so

l'attaque

ɛyɛ hu

le danger

baabi a yɛfa de pue putupru so

la sortie de secours

Ogya!

Au feu!

afidie a yɛde dumgya

l'extincteur

nkwanhyia

l'accident

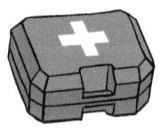

nneɛma yɛde sɔ yareɛ ano

la trousse de premier secours

SOS

SOS

polisi

la police

Yuropo

l'Europe

Amerika atifi

l'Amérique du Nord

Amerika ananfoɔ

l'Amérique du Sud

Abiberm

l'Afrique

Asia

l'Asie

Australia

l'Australie

Atlantik

l'Océan atlantique

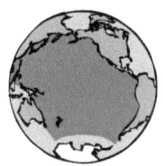

Pasifek

l'Océan pacifique

India po kɛseɛ

l'Océan indien

Antaatek po keseɛ

l'Océan antarctique

Aatek po kɛseɛ

l'Océan arctique

Ewiase atifi

le Pôle nord

Ewiase anaafoɔ

le Pôle sud

Antaatek

l'Antarctique

Ewiase

la terre

asaase

le pays

ɛpo

la mer

supɔ

l'île

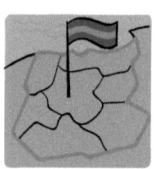

ɔman

la nation

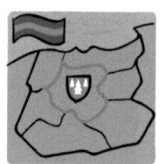

ɔman

l'état

klɔko no anim

le cadran

dɔnhwere nsa no

l'aiguille des heures

sima nsa

l'aiguille des minutes

anitɛtɛ nsa no

l'aiguille des secondes

Abɔ sɛn?

Quelle heure est-il ?

da

le jour

berɛ

le temps

seeseiara

maintenant

wkye a nɔma wɔ so

la montre digitale

sima

la minute

dɔnhwere

l'heure

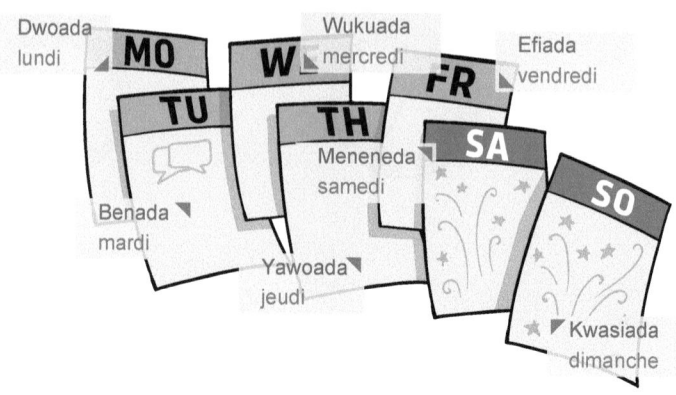

Dwoada / lundi
Wukuada / mercredi
Efiada / vendredi
Benada / mardi
Meneneda / samedi
Yawoada / jeudi
Kwasiada / dimanche

ɛnora

hier

ɛnora

aujourd'hui

ɔkyina

demain

anɔpa

le matin

prɛmtobrɛ

le midi

anwumerɛ

le soir

adwuma nna

les jours ouvrables

nnawɔtwe awieɛ

le week-end

afe

l'année

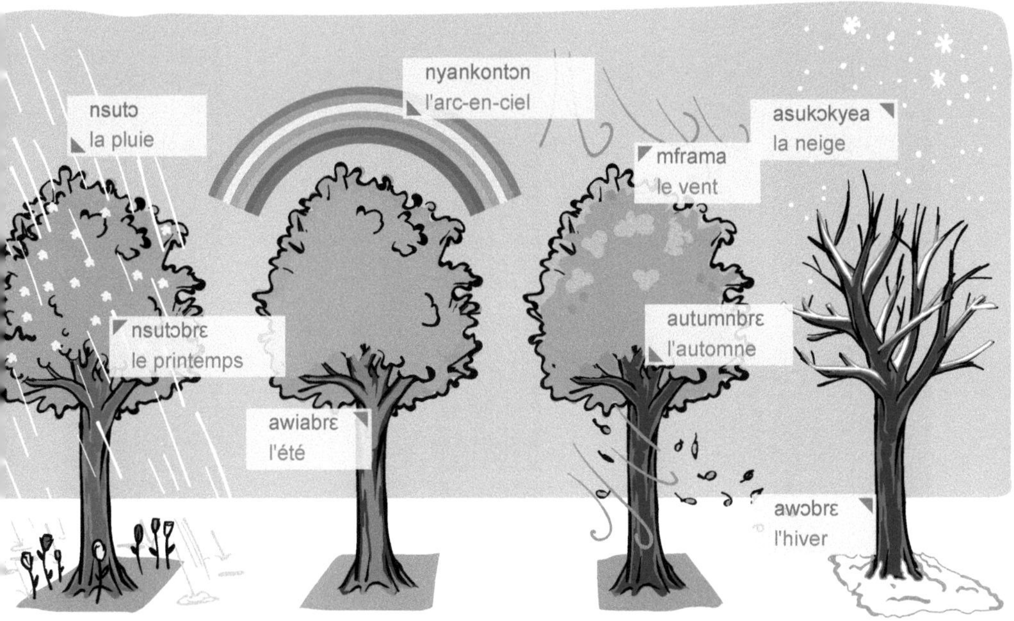

nsutɔ
la pluie
nyankontɔn
l'arc-en-ciel
asukɔkyea
la neige
mframa
le vent
nsutɔbrɛ
le printemps
autumnbrɛ
l'automne
awiabrɛ
l'été
awɔbrɛ
l'hiver

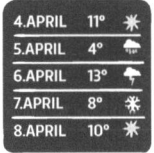

4.APRIL 11°
5.APRIL 4°
6.APRIL 13°
7.APRIL 8°
8.APRIL 10°

ewiem nsakrɛɛɛ

la météo

F C
120 40
90 30
60 20
30 10
0 0
-30 -10
-20

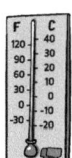

afidie a esusu ade ho hyeɛ

le thermomètre

awiabɔ

la lumière du soleil

munukum

le nuage

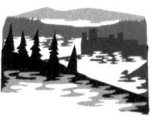

ɛbɔ

le brouillard

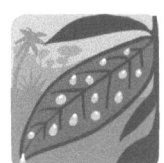

ewiem nsuo

l'humidité

ayerɛmo

la foudre

apranaa

la tonnerre

ehum

la tempête

asukɔkyea

la grêle

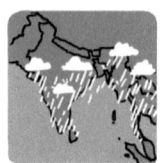

monsoonbrɛ

la mousson

nsuyiri

l'inondation

aise

la glace

ɔpɛpɔn

janvier

ɔgyefoɔ

février

ɔbɛnem

mars

Oforisuo

avril

Kotonimaa

mai

Ayɛwohomumu

juin

Kitawonsa

juillet

ɔsanaa

août

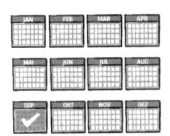

ɛbɔ
....
septembre

Ahinime
....
octobre

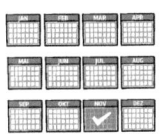

Obubuo
....
novembre

ɔpɛnimaa
....
décembre

abosuo
les formes

kanko
....
le cercle

sokwɛɛ
....
le carré

rɛktangel
....
le rectangle

triangel
....
le triangle

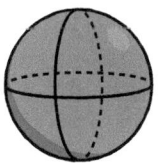

krukruwa
....
la sphère

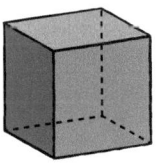

adaka
....
le cube

fitaa

blanc

akokɔ sradeɛ

jaune

ankaa

orange

pink

rose

kɔkɔɔ

rouge

pɛpol

violet

bruu

bleu

ahaban mono

vert

braun

marron

nson

gris

tuntum

noir

pii / ketewa

beaucoup / peu

wo boafu / wɔ adwo

fâché / calme

ɛyɛ fɛ / ɛyɛ tan

joli / laid

ahyɛseɛ / awieɛ

le début / la fin

kɛseɛ / esua

grand / petit

ɛha / esum

clair / obscure

nuabarima / nuabaa

frère / soeur

ɛho te / ayɛ fin

propre / sale

awie / enwieɛ

complet / incomplet

awia / anadwo

le jour / la nuit

awu / ɛte ase

mort / vivant

emubae / ɛyɛ tea

large / étroit

yɛde /yɛnni

comestible / incomestible

bɔne / tema

méchant / gentil

wɔ aniagye / wɔ ani nka

excité / ennuyé

ɔso / teatea

gros / mince

edikan / etwatoɔ

le premier / le dernier

adamfoɔ / atamfo

l'ami / l'ennemi

ayɛ mma / hwee nim

plein / vide

ɛdenden / mmerɛ mmerɛ

dur / souple

ɛyɛ duru / ɛyɛ ha

lourd / léger

ɛkɔm / nsukɔm

faim / soif

yareɛ / apomuden

malade / sain

etia mmara / ɛwɔ mmara mu

illégal / légal

nyansa / gyimi

intelligent / stupide

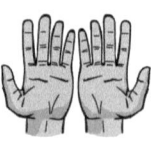

benkum / nifa

gauche / droite

ɛbɛn / akyire

proche / loin

foforɔ / dada

nouveau / usé

hwee / biribi

rien / quelque chose

wɔ anyini/ ɔsua

vieux / jeune

sɔ /dum

marche / arrêt

bue / tom

ouvert / fermé

dinn / dede

faible / fort

ɔdefoɔ / ohia

riche / pauvre

nifa / benkum

correct / incorrect

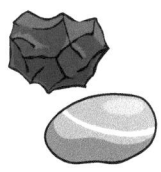

werewerɛwerewerɛ / trontron

rugueux / lisse

awerɛhoɔ / anigyeɛ

triste / heureux

tietia / tenten

court / long

nyaa / ntɛm

lent / rapide

afɔ / awɔ

mouillé / sec

dedɛɛdeɛɛ / adwo

chaud / froid

akoo / asomdweɛ

la guerre / la paix

0

hwee

zéro

1

baako

un / une

2

mienu

deux

3

meɛnsa

trois

4

ɛnan

quatre

5

enum

cinq

6

nsia

six

7

nson

sept

8

nwɔtwe

huit

9

nkron

neuf

10

edu

dix

11

du-baako

onze

12

du-mienu

douze

13

du-mɛɛnsa

treize

14

du-nan

quatorze

15

du-num

quinze

16

du-nsia

seize

17

de-nson

dix-sept

18

du-nwɔtwe

dix-huit

19

du-nkron

dix-neuf

20

aduonu

vingt

100

ɔha

cent

1.000

apem

mille

1.000.000

ɔpepem

le million

Brɔfo

l'anglais

Amerikafoɔ Brɔfo

l'anglais américain

Chainfoɔ Mandarin

le chinois mandarin

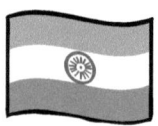

Hindi

le hindi

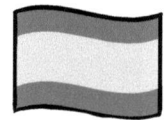

Spainfoɔ kasa

l'espagnol

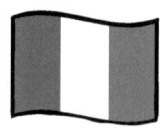

French kasa

le français

Arabia kasa

l'arabe

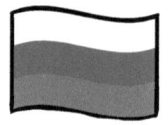

Russianfoɔ kasa

le russe

Portugalfoɔ kasa

le portugais

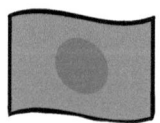

Bengali

le bengali

Germanfoɔ kasa

l'allemand

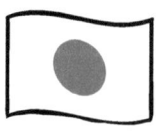

Japanfoɔ kasa

le japonais

Me
je

wo
tu

ono
il / elle / ce, c', cela

yɛn
nous

wo
vous

ɔmmo
ils / elles

hwan?
Qui ?

deɛ bɛn?
Quoi ?

ɛyɛ deɛn?
Comment ?

ehen?
Où ?

dabɛn?
Quand ?

edin
le nom

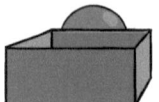

akyire

derrière

emu

dans

anim

devant

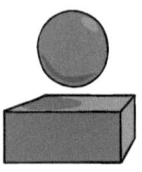

εsoro

au-dessus

εso

sur

aseε

en-dessous

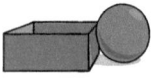

nkyεn

à côté de

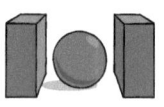

ntεm

entre

beaε

le lieu